Friedrich Friese

Historische Nachricht von den merkwürdigen Zeremonien der Altenburgischen Bauern, 1703

Friedrich Friese

Historische Nachricht von den merkwürdigen Zeremonien der Altenburgischen Bauern, 1703

ISBN/EAN: 9783743483903

Hergestellt in Europa, USA, Kanada, Australien, Japan

Cover: Foto ©Suzi / pixelio.de

Manufactured and distributed by brebook publishing software
(www.brebook.com)

Friedrich Friese

Historische Nachricht von den merkwürdigen Zeremonien der Altenburgischen Bauern, 1703

Magister

Friedrich Friese,

weiland Konrektor am Friedrichsgymnasium zu Altenburg,

Historische Nachricht

von den

merkwürdigen Ceremonien

der

Altenburgischen Bauern.

1703.

Neudruck,

mit Einleitung und Anmerkungen versehen, mit einer Nachbildung des
Trachtenbildes bei Friese und einem modernen Trachtenbilde.

Schmölln,

Verlag von Reinhold Bauer.

1887.

Friedrich Friese, der verdiente Verfasser des vorliegen•
den für die Kulturgeschichte unsers Altenburger Landes
wertvollen Büchleins, ist nach einer handschriftlich im hiesigen
Ratsarchive aufbewahrten Autobiographie, der wir hier folgen,
geboren Anno 1668. Der Vater war der Steuereinnehmer
und Stadtvogt Augustus Friese, die Mutter Anna Maria,
Meister Veit Reichardts, Bürgers und Hufschmieds Tochter.
Letztere . starb früh. Die Stiefmutter unterrichtete unsern
Friedrich „zur Lust“ im ABC und brachte ihn so weit, daß er in
die Quinta der Altenburger Lateinschule aufgenommen werden
konnte und von Rektor Paul Martin Sagittarius, wie Friese
vergnügt sich erinnert, auf die dritte Bank gesetzt wurde.
Ein allzu rasches Durcheilen der Klassen ließ aber der bedäch•
tige Vater, der ihn immer nebenbei noch privatim unter•
richten ließ, nicht zu. In den letzten Jahren seiner Gymnasial•
laufbahn wohnte Friedrich bei dem Rektor Wahl, um dessen
Privatunterricht zu genießen. Wahl hat Anlagen und Nei•
gungen des jungen Friese gut beurteilt; er prophezeite ihm
wiederholt: „Du wirst eben so ein Marterholz werden, wie
ich bin.“

1685, kurz nach dem Tode Wahls, bezog Friese die Uni•
versität Jena, ging von da 1688 nach Leipzig, wurde hier
im selben Jahre Magister, habilitierte sich und hielt gutbesuchte
philosophische Vorlesungen ab. 1691 wurde er Subkonrektor
in Altenburg, 1694 Konrektor, 1713 bei der Erhebung der
Anstalt zum Gymnasium erster Professor. So sehr man seine

1•

Lehrgabe und seine Gelehrsamkeit rühmte, wurde er doch drei-
mal bei der Besetzung des Rektorats übergangen; Lorenz
sagt in seiner Geschichte des Gymnasiums (S. 243), seine Lehr-
gaben seien von seiner Leibesbeschaffenheit nicht gehörig unter-
stützt worden. Nur durch genaue Diät soll er seinen hin-
fälligen Körper bis zum 55. Jahre gebracht haben: er starb
den 6. Juni 1721.

Friese hatte mancherlei Originelles. Er beurteilte die
Knaben, die ihm zugeführt wurden, stark nach der Phy-
siognomie und sagte manchem beim ersten Anblick, er solle
sich lieber zum Pfluge wenden. Er schrieb zahlreiche Lust-
spiele, die er mit den seiner speziellen Obhut anvertrauten
Schülern (meist Adligen) aufführte. Er legte ein Kunstkabinet
an und las Kollegia über dasselbe. Er beobachtete Sitte und
Brauch bei Bürger und Bauer und schrieb außer dem vor-
liegenden noch 20 Büchlein über die besondern Ceremonien
der Schmiede, Schneider, Tischler, Beutler, Böttger, Drechsler,
Schuster, Messerschmiede, Töpfer, Weißgerber, Hutmacher, Buch-
binder, Büchsenmacher, Kannengießer, Gürtler, Seiler, Fleisch-
hauer, Riemer und Weißbecker. In seinen Schriften pflegte
er sich der katechetischen Form zu bedienen; so sind außer den
ebengenannten Büchelchen eine Physik, ein vielgedrucktes Lehr-
buch der Geschichte, eine Art Pädagogik, „Schulgespräche"
betitelt, in Frag und Antwort verfaßt.

Unser Abdruck der historischen Nachricht von den Ceremonien der Altenburgischen Bauern ist buchstabengetreu. Nur
die Interpunktion ist geregelt, S. 28 Last in Latz verbessert;
die wenigen Abkürzungen sind aufgelöst; bei einigen Unter-
abteilungen sind die Zahlen zugesetzt; einige anlautende K in
den ersten Zeilen des den Schluß bildenden Gregoriusspieles
sind klein geschrieben worden. Friese zieht, wie auch der Titel
seines Buches zeigt (vgl. S. 7), Ceremonien anderer Völker zum
Vergleiche herbei und hängt dem geschilderten Brauche bisweilen moralische Nutzanwendungen an; erstere betitelt er:
Parallela historica — sie sind meist Dappers Beschreibung

von Afrika, Valvasors Ehre des Herzogthums Crain, der
Ceylanischen Reisebeschreibung von Knor und dem Geschicht-,
Kunst- und Sittenspiegel des Erasmus Francisci entnommen —,
letztere werden mit der Frage eingeführt: Was ist hierbei zu
merken? Diese historischen Parallelen und Nutzanwendungen
waren für Frieses kuriositätensüchtige Zeit gewiß von größtem
Interesse, für die Leser dieses Neudrucks sind sie wertlos und
sind darum weggelassen worden.

Beigegeben ist eine etwas verkleinerte Nachbildung des
Trachtenbildes bei Friese in Lichtdruck; der Maßstab ist ⁵⁄₈
des Originals. Das Gegenstück zu demselben soll ein Trachten-
bild aus unserer Zeit bieten, das Herr Hofphotograph Lanzen-
dorf in Altenburg nach eignen Aufnahmen zusammengestellt
hat. Die beigefügten Anmerkungen sollen nachweisen, was
von Frieses Zeit her bis heute sich erhalten hat, oder wovon
wenigstens Väter und Großväter noch zu erzählen wissen.
Ist nichts angemerkt, so hat sich nicht einmal die Erinnerung
erhalten.

Historische Nachricht

von denen

Merckwürdigen

CEREMONIEN

derer

Altenburgischen Bauern,

wie sie es nemlich
bey
Hochzeiten, Heimführung der
Braut, Kindtauffen, Gesinde-miethen,
Veerdigungen, Kleidung und Tracht, wie
auch mit ihrer Sprache gemeiniglich zu
halten pflegen,
Dabey zugleich gewiesen wird, wie einige
Ceremonien anderer Völcker mit solchen ziem=
lich übereinkommen, und was man darbey vor
nützliche Meditationes haben könne,
durch
Frag und Antwort
zur Lust vorgetragen

von

M. FRIDERICO FRISIO,

Lyc. Altenb. Con-Rect.

———

Leipzig,
Zu finden in Groschuffs Buchladen, 1703.

Geneigter Leser!

ES werden sich ohne Zweifel etliche finden, welche das schlechte Thema dieser Blätter der kostbaren Zeit eines Schul-Mannes nicht werth zu seyn achten. Alleine dieselben wollen vielleicht nur ihr eigenes temperament zur Richtschnur haben, nach welchem sie lauter nach hohen Dingen schmeckende Sachen verlangen und sich ohne Ursache verwundern, warum doch der wenige Uber-Rest der ohne dem genugsam ab-gekürtzten Zeit auf den Pflug gewendet worden, da der Regenten Stuhl vielmehr aufzuputzen. Welche nun sich selbst mit dergleichen Gedancken beschwehren, die belieben nur dieses zu bedencken, daß ein Schul-Mann auch in geringschätzigen Dingen öffters ein Vergnügen suche; Wie auch, daß grosse Potentaten an denen Ceremonien dieses Land-Volckes viel-mahl einen so gnädigen Gefallen gehabt, daß sie bey ihrer Taffel sich dessen Aufwartung bedienet oder ihre Kleidung, Täntze und Gebräuche sich gnädig gefallen lassen. Wird nun der geneigte Leser dieses in genauere Betrachtung ziehen und solche Arbeit seiner Gunst würdig schätzen, so wird sich allezeit zu seinem Dienste nach Vermögen verbinden

M. Fridericus Frisius,

Lyc. Altenb. Con-R.

CAP. I.

Von denen merckwürdigen Ceremonien bey denen Hochzeiten.

❦

Sect. I.
Vor dem Kirchgange.

I.
Wie können wir diese Ceremonien am besten mercken?

WJr wollen sehen, 1. was vor dem Kirchgange, 2. bey der Trauung und dem Kirchgange, 3. bey der Mahl-zeit und Tantze, 4. bey dem Braut-Bette, und endlich 5. die übrigen Hochzeit-Tage vorkommt.

II.
Was vor Ceremonien werden observiret, ehe die Braut zur Trauung geführet wird?

Die Braut nebst ihrem Beystande, welches gemeiniglich der Priester des Ortes ist, sitzet im Hochzeit-Hause hinter dem Tische und erwartet den Bräutigam.

III.
Was thut der Bräutigam vor dem Kirchgange?

Er kömmt mit seinem Frey-Werber und Beystande vor die Stuben-Thüre, klopfet an und lässet sich durch dem Braut-Diener anmelden, welcher ihm die Vergönstigung zurücke bringet.

IV.

Was geschicht darauf?

Der Bräutigam tritt nebst seinem Beystand und Frey-Werber in die Stube und lässet durch diesen bey dem Priester die Braut zum Kirchgange ausbitten.

V.

Was geschicht ferner?

Der Priester, als der Braut Beystand, hält eine Gegen-Rede und lässet die Braut nebst einer Christlichen Vermahnung folgen.

Sect. II.

Von der Trauung und dem Kirch=Gange.

I.

Was gehet merckwürdiges bey der Trauung vor?

Die Verlobten gehen nach der Trauung um den Altar herum, und der Braut-Diener oder der Braut-Bruder, so sie zum Altar geführet, wünschet ihnen Glück.

II.*)

Was ist von dem Kirchgange noch weiter zu mercken?

Wenn die Verlobten in die Kirche gehen, so pfleget die Braut=Mutter, oder die solche Stelle vertritt, etliche Stücken Kuchen, der Braut-Diener aber etwas Geld unter die zusammengelauffene Zuschauer zu werffen.

III.

Was ist von dem Kirchgange ferner zu mercken?

Wenn der Bräutigam aus der Kirche gehet, so wird er von etlichen zusammengelauffenen Volcke aufgehalten, denen wirft er etwas Geld in die Rappuse.

---

*) Hie und da wird während der Hochzeitsmahlzeit noch heute Kuchen, Schweinebraten und dergl. ausgeteilt, nicht Geld. Allgemein ist das Aufhalten des von der Trauung heimkehrenden Paares durch Kinder; der Bräutigam löst sich dadurch, daß er eine Handvoll Kleingeld unter dieselben wirft.

Sect. III.
Von der Mahlzeit und dem Tantze.

I.
Was ist von der Mahlzeit zu mercken?

Der Bräutigam setzet sich nebst der Braut zu Tische, und die Braut hat die ganze erste Mahlzeit über einen langen Mantel*) um, welcher mit vielen Falten gezieret.

II.
Was gehet über der Mahlzeit vor?

Des Bräutigams Mutter schneidet dem Bräutigam ein Stückgen Brod ab, desgleichen thut auch die Braut-Mutter der Braut.

III.
Wie wird es mit denen Speisen gehalten?

Ein ieder nimmt etwas weniges von der Speise, und wenn es ein Braten, so leget er denselben ganz, wenn er etwas vor sich abgeschnitten, auf seines Nachbars Teller.

IV.**)
Was wird ferner bey der Mahlzeit observiret?

Man setzet zuweilen Braut und Bräutigam zwei brennende Lichter vor und gibt wohl Achtung, welches am meisten abnehme.

V.
Was gehet bey Ende der Mahlzeit vor?

Wenn alle Speisen abgetragen, so wird zuweilen eine Schüssel mit Wasser, darinnen Nüsse liegen, aufgesetzet; in solche legen die Gäste nach belieben etwas Geld.

---

*) Der große Mantel ist Anfang dieses Jahrhunderts abgekommen. Er war von schwarzem Tuch und mit roter oder grüner Wolle gefüttert.

**) Der Herausgeber hat den Brauch nur bei Kindtaufen gefunden, wo zwei Gevattern Lichter vorgesetzt wurden; der, dessen Licht zuerst herunter brennt, stirbt nach dem Volksglauben zuerst. — Man sagt auch: „Wer nach der Trauung zuerst vom Altare auffsteht, stirbt zuerst."

Sect. IV.
Von dem Hochzeit = Tantze.

I.
Was ist insgemein von der Art zu tantzen zu mercken?

Daß die Manns-Personen mit starcken Sprüngen, schreyen und in die Höhe gehobenen Armen, die Weibs-Personen aber mit gantz engen Schritten und gantz sittsam hinter einander tantzen.

II. *)
Wie wird es bey dem Hochzeit = Tantze gehalten?

Der Bräutigam muß mit der Braut-Mutter zu erst, und nach diesem der Braut-Diener mit der Braut in ihrem Mantel tantzen, bis sie solchen fallen läßt. Solches wird den M a n t e l a b t a n t z e n genennet.

Sect. V.
Von dem Braut = Bette.

I.
Wie wird es bey dem Braut = Bette gehalten?

Der Bräutigam begiebet sich erst zu Bette, hernach führet der Braut-Diener nebst etlichen Verwandten die Braut in die Schlaff-Kammer.

II.
Was ist des Braut = Dieners Verrichtung?

Nachdem er nebst etlichen Anverwandten und Gästen die Braut zu Bette geführet, ziehet er ihr in der Kammer den Stiefel oder Schuh aus, pfleget auch die Zöppe auszuflechten, endlich wirfft er die Braut annoch angekleidet in das Braut-Bette.

---

*) Alte Leute können sich erinnern, daß der Bräutigam zuerst mit der Mutter der Braut tanzen mußte; dagegen ist von dem „Mantel abtanzen" nichts bekannt.

III.

Was geschicht ferner?

Die Braut-Mutter, oder welche solche Stelle vertritt, leget einen dünnen Kuchen *) auf das Bette, welchen die umstehenden mit denen Händen zerschlagen, und sagen: So viel Stückgen, so viel Püpgen.

IV.

Gehet noch etwas vor?

Der Bräutigam muß denen Umstehenden Wein oder Brandewein schencken, und der Braut-Diener verstecket der Braut den ausgezogenen Stieffel oder Schuch, welchen sie den andern Tag lösen muß.

V.

Wie werden diese Ceremonien bey dem Braut=Bette beschlossen?

Die Spiel-Leute nebst etlichen Gästen machen vor der Kammerthüre eine Music, und wenn sie können hineinkommen, so tanzen sie um das Braut-Bette.

Sect. VI.

Von denen übrigen Hochzeit=Tagen. **)

I.

Wie wird es dem andern Hochzeit=Tage gehalten?

Die Braut muß unter dem Krantze eine gestrickte Haube tragen und dem Bräutigam ein neu Hembde, wie auch denen Verwandten Schnupfftücher, Hauben, Ermel und dergleichen verehren, welches Schwäger-Stücken genennet werden.

---

*) Es war sogenannter Aufläufer. Der Brauch hat sich bis Anfang unseres Jahrhunderts erhalten.
**) Große Hochzeiten dauerten bis vor ca. 40 Jahren drei Tage.

II.

Wie wird eß dem dritten Hochzeit=Tag gehalten?

Der Bräutigam ſetzet ſich mit der Braut und etlichen nahen Anverwandten an den Tiſch, das Hochzeit=Geſchencke zu empfahen. Die Braut hat den langen Mantel wieder umb, darinn ſie ſich faſt gantz wickelt, und mit einem Schnupff=Tuche, indem ſie weinet, die Augen zuhält.

III.

Wie wird eß bey Ubergebung der Hochzeit=Geſchencke gehalten?

Die Braut leget ein grünes Rauten = Cräntzgen, ſo kaum ſo groß als ein Thaler iſt, auf ein ſchönes Schnupfftuch vor ſich auf dem Tiſch.

IV.

Waß wird bey dem Hochzeit=Geſchencke vor eine Ordnung gehalten?

Die nächſten Freunde thun ihr Geſchencke vor erſt und müſſen Braut und Bräutigam, wie auch denen Anverwandten, ſo dabey ſitzen, die Hand zuerſt biethen, alsdenn das Geſchencke mit dem Wunſche übergeben und einem ieden wieder die Hand biethen.

V.

Waß wird denen Freunden vor eine ſonderliche Ehre darbey erwieſen?

Wenn von etlichen ſeynd Bett=Pfüle und Küſſen verehret worden, ſo legen die darbey ſtehenden jungen Purſche ihnen ſolche, indem ſie denen Freunden die Hände biethen, auf dem Rücken und klopffen mit beyden Händen wacker drauf.

VI.

Waß vor eine Ehre wird einem ieden Hochzeit=Gaſt vor ſein Geſchencke erwieſen?

Der eine Braut=Diener giebet dem Hochzeit=Gaſte, wenn er ſein Geſchencke praeſentiret hat, ein groß Glaß Bier etwa mit dieſer Formel: Ehr hut Braut un Bräutgen ene Verihrnge gethon, drum laſt auch weder emahl ſchencke. Nach dem Truncke giebt er ihm auch etwas weniges Kuchen.

VII.

Waß geſchicht, ſo lange die Gäſte ſchenckten?

Die Spiel-Leute pflegen etwas erhaben zu ſtehen *) und etliche gute Lieder Zeit währenden Schencken zu geigen.

VIII.

Waß geſchiehet, nachdem daß Geſchencke übergeben?

Der Braut-Diener muß mit der Braut, ſo den Mantel umhat, ein oder 2 mahl herum tanzen, wobey die Braut den Mantel muß fallen laſſen.

---

*) Der Ort, wo die Feierlichkeiten ſtattfanden, war die ſog. Por-ſtube, eine ſaalartige große Stube, die noch in jedem älteren Bauern-gute ſich findet. Den Muſikanten wurde eine „Bucht“ gebaut, auf der ſie „erhaben“ ſtanden oder ſaßen; in manchen Porſtuben gab es auch gleich eine Art Orcheſter.

CAP. II.

Von denen merkwürdigen Ceremonien bey der Heimführung.

✻

Sect. I.

Was in der Braut Wohnung vorgehet.

I.

Wie wird es gehalten, ehe die Braut auß der Eltern Wohnung ziehet?

Die nächsten Verwandten nebst etlichen jungen Gesellen und Jungfrauen machen sich bei einem Schmausse etliche Stunden lustig, hernach schicket man sich zur Heimfarth.

II.

Was pfleget nun die Braut zu thun?

Sie begiebet sich nach geendigter Mahlzeit auf den Boden, allwo sie von denen Eltern Abschied zu nehmen pfleget.

III.

Was muß der Bräutigam darbey observiren?

Er muß selbsten die Braut wieder von Boden herab holen und sich bey denen Eltern vor die Erziehung der Braut bedancken. Hierbey werden nun die Glücks-Wünsche wiederholet.

IV.

Was pfleget nun zu geschehen?

Der Bräutigam führet die Braut zu den Wagen, auf welchen sie gantz forne nach denen Pferden zu stehen muß und einen Schleyer, wie auch den Hut des Bräutigams auf dem Haupte haben.

V. *)
Was muß die Braut ferner thun, ehe sie auß der Eltern Hause fähret?

Sie muß ein Glaß Bier austrincken und das Glaß an die Wand werffen.

VI. **)
Wie geschicht die Abfarth selbst?

Der Bräutigam agiret den Fuhrman und fähret entweder im Hofe der Braut=Wohnung oder auf einem bequemen Platze dreymahl in einem Circul herum, indem die Spiel= Leute auf dem Wagen stehen und geigen.

Sect. II.
Von dem, was auf dem Wege nach des Bräutigams Wohnung vorgehet.

I. ***)
Was thun diejenigen Pursche, welche die Braut begleiten?

Sie pflegen bisweilen auf geputzten Pferden zu reiten und zu schiesen. Oder wenn sie zu fusse gehen, so schreyen sie auf dem Wege mit vollem Halse.

---

*) Das Zerwerfen von Gläsern kommt, wenn auch nicht gerade in dem hier erwähnten falle, noch heute bei festen vor. Man pflegt zu sagen: „So viel Stücke, so viel Glücke."

**) Das fahren im Kreise war noch Anfang dieses Jahrhunderts Sitte; in der Regel wurde auf freiem felde eine 8 durchfahren.

***) Bei besonders großen Hochzeiten geben noch heute junge Bursche auf bändergeschmückten Pferden dem Brautpaare das Geleite. Das Schießen ist polizeilich verboten.

II. *)
Waß geſchicht ferner bey der Heim = Führung?

Es wird ein Wagen mitgefahren, auf welchem der Hauß-
Rath, ſo die Braut mitbringet, nebſt einem angelegten Rocken
ſtehet.

Sect. III.
Von dem, was in des Bräutigams Hauſe vorgehet.

I. **)
Waß muß die Braut thun, nachdem ſie in deß Bräutigamß Hauß kommen?

Sie muß auf des Bräutigams Befehl in das Ofen . Loch
jucken.

II.
Wie wird die Heim = Führung beſchloſſen?

Es werden allerhand Glück . Wünſche abgeſtattet und
abermahl ein Schmauß gehalten.

----

*) Der Wagen, auf dem der Hausrat gefahren wird, heißt der
Kammerwagen; der Hsgbr. hat noch vor wenig Jahren hochaufgepackte
Kammerwagen geſehen, auf denen hoch oben ein kunſtvoll gedrechſeltes
Spinnrad ſtand, deſſen Rocken mit bunten Schleifen geſchmückt war;
letztere Sitte ſchwindet jetzt mit dem Abkommen des Spinnens.

**) Heutzutage pflegt man neu anziehenden Mägden zu ſagen, ſie
ſollen ſofort ins Ofenloch ſehen, „damit ſie eingewöhnen können“.
Übrigens iſt hie und da Sitte, daß die Braut vor dem Einzuge ein
Brot, eine Meſte Salz und das Geſangbuch in das Haus des Bräutigams ſchickt und dort zuerſt Brot und Salz ißt.

CAP. III.

Uon denen Ceremonien der Kindbetterinnen.

Was pflegen die Kindbetterinnen zu observiren?

Wenn das Kind zur Tauffe getragen wird, so pfleget zuweilen eine erfahrne Frau oder Anverwandtin mit der Wöchnerin, ehe das Kind wieder gebracht wird, in allen Kammern herum zu gehen.

CAP. IV.
Von Knecht- und Mägde-Miethen.

✸

I.*)
Was ist in Genere hiervon merckwürdig?

Daß Knechte und Mägde in denen so genannten 12 Nächten auf dem Marckte stehen, die Hauß-Väter und Hauß-Mütter aber unter ihnen herum gehen, die Person besser in Augen-Schein zu nehmen.

II.
Was ist insonderheit von der Hauß-Mutter zu mercken?

Das sie das Miethe-Geld denen Mägden vor die Füsse werffen und Achtung gebe, ob sie solches geschwinde oder langsam aufheben.

III.
Warum thun sie solches?

Weil sie hieraus derer Dienst-Bothen Hurtigkeit oder Faulheit erkennen wollen.

———

*) Noch heute sind bestimmte Miettage in den 12 Nächten (d. h. den Tagen zwischen Christ- und Dreikönigstag) auf dem Markte zu Altenburg, abwechselnd mit Miettagen in dem benachbarten Schmölln. Mägde sind in der letzten Zeit nicht mehr auf dem Markte zu sehen gewesen; bei dem empfindlichen Mangel an solchen ist unsere Bauernschaft vielfach genötigt, zu ausländischen (meist bayerischen) Mägden zu greifen, die freilich weit weniger leistungsfähig sind.

IV.

Was observiren die Mägde, wenn sie anziehen?

Sie setzen sich in die Stube ihres Herrn so, daß sie das Gesichte nicht gegen die Thüre kehren.

V.

Warum thun sie solches?

Weil sie meynen, der Dienst werde nicht lange währen, wenn sie das erste mahl die Augen wieder nach der Thüre wenden.

VI. *)

Was geschiehet, wenn die Mägde abziehen?

Die Hauß-Mutter richtet ihnen noch eine gute Mahlzeit zu, welches die Wander-Suppe genennet wird.

---

*) Die Redensart: „Morgen essen wir die Wandersuppe" hat sich erhalten.

CAP. V.
Von Leich-Begängnissen.

🌟

I. *)
Waß geschicht, sobald der Krancke gestorben?

Wenn der Mensch verschieden, so machen sie (wie auch bisweilen von andern geschiehet) die Fenster auff.

II. **)
Waß observiret man bey der Beerdigung, ehe der Tode auß dem Hause getragen wird?

Die Leiche wird in dem Hofe unter freyen Himmel gesetzet, und die Leidtragenden stehen darhinter.

III. ***)
Waß thut man, wenn der Tode auß dem Hause getragen wird?

Wer zu Hause bleibet, muß mit einem Besem das Hauß kehren und solchen zur Thüre hinaus werffen.

---

*) So noch heute, ohne daß darin Altenburgische Eigentümlichkeit zu erkennen wäre.

**) Die Leichenpredigt wird im Hofe unter freiem Himmel oder am Grabe, in besonders feierlichen Fällen in der Kirche gehalten; im erstern Falle hören sie die Familienangehörigen in der Regel von den Fenstern des ersten Stocks aus an.

***) Das Besenkehren ist verschwunden. Anderer Brauch bei Todesfällen ist: Die Stühle, auf denen der Sarg gestanden hat, müssen sofort umgeworfen werden. Während der Leichenpredigt muß von den Mägden das Vieh in den Ställen umgehängt werden; erst nach der Beerdigung

IV. *)

Was geschicht, wenn der Tode in das Grab gesencket wird?

Die, so bey dem Grabe stehen, werffen einen Erden-Kloß hinein, wenn der Tode eingesencket wird.

---

wird es in den früheren Stand gebracht. Sobald der Zug das Gehöfte verlassen hat, müssen das große und kleine Thor geschlossen werden. Dem Toten wird etwas Geld in den Sarg gelegt, „damit er den Segen nicht mit fortnehme".

*) Dieser Brauch scheint also früher nicht so allgemein gewesen zu sein.

CAP. VI.
Von Kleider-Tracht und Mode.

❦

Sect. I.

I. *)

Was ist insgemein von ihrer Kleidertracht zu wissen?

Daß diese Art Leute sehr beständig und feste über ihrer Kleider-Tracht halten, wie auch leichte nichts in der Mode ändern. Wiewohl heute zu Tage entweder in Materia oder Forma so wohl Weibs- als Manns-Personen bisweilen variren.

---

*) Die Tracht stirbt aus. Bei den Frauen hält sie sich noch zäher, weil sie praktisch und bequem für Haus- und Feldarbeit ist. Es zeigt sich jetzt schon ein empfindlicher Mangel an Bauerschneidern. Aus dem Trachtenbilde bei Friese ist die jetzt herrschende Tracht kaum zu erkennen. Bei den Männern sind die spitzen Hüte auffällig; an ihrer Stelle sind seit mehr als einem Jahrhundert kleine flache Hütchen getragen worden, die freilich heute auch nur noch selten gesehen werden und Mützen Platz gemacht haben. Auffällig sind ferner die Röcke mit ihren bauschigen Ärmeln. Die diesen Röcken entsprechenden „Weißen“ und (dunkeln) „Westen“ oder „Kappen“ haben enge Ärmel und reichen fast bis an die Knöchel; die ersteren werden jetzt nicht mehr getragen, die letzteren sieht man selten. An ihre Stelle sind kurze Tuchjacken (Spenser) mit engen Ärmeln getreten. Auffällig endlich ist bei dem Manne rechts der jetzt ganz verpönte Bart. Die Frau links trägt das Hormt auf dem Kopfe, die rechts trägt die mit Otterpelz besetzte Mütze (vgl. S. 30); beide haben den Latz; die Frauenröcke sind jetzt kürzer (sie reichen bis zum Knie) und enger. — Auf dem Trachtenbilde aus unserer Zeit tragen die Männer die erwähnten flachen Hütchen. Der in der Mitte stehende Mann trägt den Spenser, darüber hat er die Arbeitstasche gehängt; der links stehende hat den Spenser über die Achsel

II.

Wie wollen wir von der Kleider=Tracht handeln?

Also, daß wir erstlich die Kleidung des Männlichen, hernach des Weiblichen Geschlechtes ansehen.

III.

Wie kan solche Betrachtung ordentlich geschehen?

Wir wollen etwas von denen Herren Anatomicis borgen, und wie selbige ein Subjectum anatomicum in tres ventres, das ist, in den Kopff, Ober= und Unter=Leib eintheilen, also wollen wir den äuserlichen Habit durchnehmen.

Sect. II.

Von denen Manns=Personen, was anlanget das Haupt.

I.

Was tragen die Manns=Personen auf dem Haupte?

Sie haben von alten Zeiten her sehr breite und mit einem sehr hohen, spitzigen Churm gezierte Hüte getragen. Bishero aber haben ihrer viele sich derer niedrigen Bürger= Hüte bedienet. Die Ursache haben sie mir also gegeben: Weil ihnen der Wind in Aeckern, Fahren und dergleichen Verrichtungen die hohen Hüte nicht ohne grosse Verhinderung abnehme.

---

gelegt. Der rechts stehende trägt die Weiße; Schärpe und Schleife sind von letzterem einer Festlichkeit halber angelegt worden. Die neben ihm stehende Altenburgerin stellt eine „Hormetjungfrau" dar, die Frau rechts zeigt eine Altenburgerin im Arbeitskostüme. — Schwankungen in der Mode, von denen Friese spricht, kommen noch heute vor. So waren vor wenig Jahren plötzlich die ganz eng anliegenden Lederhosen bei den Männern Mode, bei den Frauen die sog. eingestochenen, d. h. ganz eng gefalteten Schürzen.

II.

Was ist bey dem Kopffe noch zu mercken?

Daß sie allezeit unter denen Hüten ein von Leder oder
Tuch gemachte und mit Barchent oder Pelz gefütterte Mütze
tragen, welche sie nicht vor ihres gleichen, sondern nur vor
höher Personen und zwar mit der lincken Hand, den Hut aber
mit der rechten abnehmen.

III.

Was tragen sie um den Halß? *)

Einen schwartzen Flor.

Von dem Ober-Leib.

I.

Was ist von der Kleidung deß Ober-Leibes zu mercken?

Durchgehends dieses, daß solche vielmahl kostbar und
mancherley, auch anders aber bey Fest-, Sonn- und Ehren-
Tagen, anders in der Woche und in der Arbeit beschaffen sey.

II.

Was vor einen Habit hat diese Art Leute in der Arbeit und Woche?

Einen Rock aus weisen Tuch **) mit spitzigen Ermeln
und mit Häffteln unter dem lincken Arme, als wie ein so
genannter Brust-Latz zugehäfftelt, und gehet bis an die Knie.

---

*) Friese meint wohl das schwarze Halstuch, das noch heute ge-
tragen wird; ein schmaler weißer Streif vom Hemdekragen muß darüber
hervorragen.

**) Der weiße Rock, kurz die „Weiße" genannt, ist noch vor etwa
50 Jahren allgemein, z. B. bei Kirchgängen, zur Sommerszeit getragen
worden; er wurde vorn zugeheftet, während die etwa unsern Westen
entsprechenden Brustlätze noch heute links zugeheftet werden. Bei dem
großen Bauernaufzuge („Bauernreiten") 1873 zur Feier der Vermählung
J. Hoh. der Prinzessin Marie von Sachsen-Altenburg mit S. Kgl. Hoh.
Prinz Albrecht von Preußen eröffneten den Zug Trompeterchöre in
Weißen. Der dunkle Rock hieß Weste oder Kappe; er war grün gefüttert.

Deren bedienen sich gemeiniglich die Knechte in der Arbeit. Sonsten aber tragen sie insgemein einen langen, von braunen, grauen oder schwartzen Tuch gemachten Rock, welcher auf der Brust zugehefftet und fast bis unter die Waden reichet.

III.

Wie zieret das Manns-Volck den Ober-Leib?

Bey Fest- oder Ehren-Tagen pflegen sie einen von guten rothen Tuche mit vielen Falten gezierten Rock zu tragen, so etwas weit, bey denen Händen aber spitzige Ermel hat, unter denen Ermeln aber zugehäfftet ist und nur bis auf die Knie langet und eine rothe Jacke genennet wird.

IV.

Ist noch etwas mehres hierbey zu mercken?

Zuweilen haben sie über der so genannten rothen Jacke ein schwartzes, ledernes Wams, so mit vielen Falten und grossen Taschen eben so lang als die ietzt-gedachte rothe Jacke. Ja es pflegen die Hochzeit-Bitter, ingleichen die Braut-Diener zuweilen über dem schwartzen Wamse einen weisen so genannten Schmutz-Kittel als eine Zierath anzuziehen.

Von dem Unter-Leib.*)

I.

Wie ist der Unter-Leib bekleidet?

Die Bein-Kleider oder Hosen seyn ziemlich weit und unter dem Knie zugebunden, aus schwartzem Leder.

II.

Wie seyn die Beine bekleidet?

Es träget dieses Volck gemeiniglich Stiefeln, oder auch lederne Strümpffe und sehr grosse Schue.

---

*) So noch heute; nur lederne Strümpfe giebt es nicht mehr.

Sect. III.
Von denen Weibs = Perſonen, was anlanget den Kopff.

I.
Wie putzen ſich die Jungfrauen?

Sie umwickeln die geflochtenen Haar‐Zöpffe mit rothen, grünen, oder ſchwartzen Tuch‐ oder auch Sammet‐Streiffen, ſo 2 Finger breit und Schrote genennet werden. In dem Nacken hinunter hengen zwey ſchwartze, lange, ſeidene Bänder. Uber ſolchen umgewickelten Zöpffen tragen ſie eine runde, lederne Mütze, mit Fiſch‐Otter um und um gezieret.

II.*)
Was haben die Jungfrauen, ingleichen die Bräute bey Feſt‐ und Ehren=Tagen auf den Köpffen?

Ein ſo genanntes Hormt, welches ein rund formirtes ſilbern und verguldetes Blech iſt, ſo 2 Hände hoch, inwendig mit rothen Sammet beleget und auswendig mit vergöldeten Flittern, ſo größer als ein Groſchen, wie Blätter formiret, um und um alſo gezieret, daß ſie in Gehen ſich bewegen und klingen.

III.**)
Was tragen die Weiber auf dem Kopffe?

Wenn ſie zum Abendmahl oder Leiche gehen, ſo haben ſie den Kopff und das Kinn mit einem ſehr blau geſtärckten Schleyer umwickelt. Bey Ehren‐Tagen tragen ſie eine von Seiden oder Wolle gewürckte Haube, ſo wie ein Netz in die Runde herab auf die Achſel henget.

---

*) Das Hormt wird als Erbſtück in vielen Familien aufbewahrt.
**) Der Schleier iſt etwa 1840 abgekommen, die Haube noch früher. Bei dem Bauernreiten 1873 fuhren in einem Wagen zwei alte Mütterchen, die den Schleier, die große Haube und die im folgenden erwähnte weiße Schürze trugen.

IV.

Was tragen beyde insgemein auf dem Kopffe?

So wohl die Weiber als Jungfrauen pflegen insgemein den gantzen Kopff bis an die Augen mit einer weisen Leinwand also zu verhüllen, daß ein Stücke über den Rücken hinab henget und man von dem Gesichte wenig sehen kan.

V.

Was tragen die Jungfrauen um den Halß?

Wenn sie in ihrem größten Schmucke gehen, so haben sie ein Krägelgen von gestärckter, weiser Leinwand, welches mit Drate in die Runde gebogen und als ein halber Mond um den Nacken steiff bis an die Achseln stehet, aber nicht auf solchen lieget.

Den Ober=Leib.

I.

Wie ist die Kleidung des Ober=Leibes beschaffen?

Vor der Zeit trugen sie grosse weite Ermel von Schleyer oder weiser Leinwand, daß ein gantzes Sipmaß Korn in einen gienge. Heute zu Tage sind sie etwas kleiner und müssen sehr blau gestärcket werden, weil sie solches vor eine Zierte halten; an solchen henget auf dem Rücken ein viereckigter Latz von weiser Leinwand, mit schwartzer Seide durchnehet.

II. *)

Welches ist die übrige Kleidung des Ober=Leibes?

Bey Ehren-Tagen träget das Weibs-Volck eine rothe Jacken mit Falten, eben wie die Manns-Personen, insgemein aber ein schwartzes Tuch-Wams oder ein so genanntes ledernes Mieder. Vor der Brust pflegen sie gemeiniglich einen Latz von Sammet oder seidenen Zeuge zu haben. Um die Lenden

*) Nur der Latz ist geblieben.

tragen sie einen schwarßen, ledernen Gürtel, so fast einer Spanne breit, nebst einer weißen, oben schmal eingefaltenen Schürze.

Von dem Unter = Leib.

I.*)
Wie ist der Unter = Leib bekleidet?

Der größte Puß des Weibes = Volckes bestehet in einem Pelße, so viel Falten hat, oder in einem gefaltenen Küttel.

II.**)
Wie sind die Beine bekleidet?

Die Jungfrauen tragen bey Ehren-Tagen knappe Stiefeln, die Frauen aber tragen schwarße Tuch = Strümpfe und Schue.

---

*) Kittel aus Pelz giebt es jeßt nicht.
**) Noch vor etwa 40 Jahren sind die Jungfrauen in sog. Zug-stiefeln, knapp anliegenden Stiefeln aus schmeidigem Leder zum Tanz gegangen; der obere Rand dieser Stiefeln war mit bunter Sammetborte beseßt. Die schwarzen Strümpfe, die die Frauen auch jeßt gewöhnlich tragen, sind gestrickt.

CAP. VII.
Von der Mund-Art oder Sprache.

✻

I.
**Was ist insgemein von der Sprache oder Mund-Art
zu mercken?**

Daß sie zwar teutsch, aber einen gantz besondern Dialectum haben.

II.
Worinne bestehet insonderheit ihr Dialectus?

Sie verändern 1. bisweilen gantze Buchstaben; z. e., in
dem Worte Maria machen sie aus den Vocali J ein Jod,
und aus dem Vocali A ein E und sprechen Marje. 2. verstümpeln sie die Worte und versetzen die Buchstaben; z. e.,
den Namen Elisabeth pflegen sie nicht alleine corrupt zu pronunciren: Lise, sondern auch den vocalem J vor das L zu
setzen, und sagen Jlse. Bisweilen versetzen sie nicht alleine
Buchstaben, sondern werffen auch sowohl hinden als forne
solche weg; z. e., in dem Worte Dorothea pflegen sie erstlich
den literam D und O in Anfange und nachgehends das A
am Ende weg zu werffen, so heist es Orthe.

III.
**Was wollen wir von dieser Mund-Art noch ferner
behalten?**

Es ist Anno 1687 ein Lust-Spiel zum Beschluß des gewöhnlichen Gregorii-Festes, da man des Leopoldi Sieg wider
den Türcken bey Wien praesentiret, aufgeführet worden; aus

3

diesem kan man zur Luft den Dialectum dieses Land-Volckes in etwas erkennen.

IV.

Was ist der kurtze Inhalt solches Luft-Spiels?

Ein erbarer alter Bauer befindet an seinem kleinen Sohne eine inclination zum Studiren, dahero faffet er den Vorfaß, nach Altenburg zu gehen und ihn bey der Schule dafelbst eine Stelle zu verschaffen. Es siehet aber die Sache an-fangs etwas schwer aus, indem der Sohn wegen des Anstalts bey den Gregori-Feste nicht gleich kan recipiret werden. Zudem finden sich viele Freunde, so solches Vornehmen dem Vater theils wiederrathen, theils rathen. Endlich bleibet Vater und Sohn bey der gefaßten resolution, und wird ein Valet-Schmauß auf gutes Glück des Sohnes denen Verwandten und Be-dienten bey luftiger Music gegeben.

V.

Welches seyn die Perfonen, so in diefem Luft-Spiele vorkommen?

1. Puhle, der Vater.
2. Miefe, die Mutter.
3. Barthel, } Nachbarn im Dorffe.
4. Cafper,   }
5. Pieter, der kleine Sohn.
6. Brufig, der Groß-Knecht.
7. Mareige, des Pieters kleine Schwester.
8. Kratfch, der andere Knecht.
9. Kriete, }
10. Orthe, } 3 Mägde.
11. Ilfe, }

Nun folget die Handlung felber.

Barthel. Wu hars Lands, Kevatter Puhle, wie kiets, wie
ißg aure Sache kerothen,
Dreber er kefchwißt hut wie eh Broten?

1. hars, her des. kiets, gehts. ißg aure, ist euch eure. 2. er hut, ihr habt.

Puhle.	Krufen Danck, Kevatter Puhle, fer aure Frage,
	Jch bin racht lufchtg un uhne Ploge.
	Jtz kleich kumm ich aus der Stad,
	Die Almerg ehren Namen hot.
Barthel.	Was hut ihr denn durtinne kethan?
	Mey, wald ehr michs nich wiffe lahn?
Puhle.	Jch fehrte men Suhn, Pieter kenant,
	Der auch als Pathen wuhl bekannt,
	Zum vurnahmen Kelarner durt;
	Ha fallt ehn froge huhe Wort
	Un ehn rumnahme nach Gebühr,
	Salt hüre, was ha kelarnt bey mir.
Barthel.	Mey, fpart auer Kalt,
	Käft mie Fald,
	Namt Pietern das Buch aus der Hand,
	Schickten derver ufs Laand
	Un nich in de Schule nei;
	Ha kan auch fchin beyn Pfaren fey.
Cafper.	Ey was, Pieter, nich hengern pflug,
	Denn ha iß mey trau racht kluk.
	Unfer Schulmefter fäte nu:
	Ehr falt Pieter immer in de Schule thu.
Pieter.	Was, ich fall nicht staudire?
	Davun laß ich mich nich führe;
	Jch lafe fchin Lotein behenge
	Un mach ach vel Argumenge.
	Jch staudire in dar Almerfchen Schule,
	Ehr makt wulle, aber nicht, Voter Puhle.

Line numbers: 5, 10, 15, 20, 25, 30

---

6. Almerg, Altenburg. 7. durtinne, dort (dar)inne. 8. Mey,
mein (ei!). wald, wollt. 10. auch, euch. 11. vurnahmen Kelarner,
vornehmen Gelerner (Lehrer). 12. Ha fallt, er follte. Hohe Worte
f. v. a. tiefe Weisheit. 13. rumnahme, herumnehmen (vornehmen).
14. hüre, hören. 15. Kalt, Geld. 16. Käft mie, kauft mehr. 18. derver,
dafür. 19. nei, hinein. 20. auch fchin, euch fchön. Pfaren, Pferden.
21. hengern, hinter den. 22. trau, traun (gewiß). 23. fäte, fagte.
27. behenge, behende. 28. ach, auch. Argumenge, Argumente (Aus-
arbeitungen). 30. aber, oder.

3*

Puhle. Nu nu, Pieter, ich marck dich schun,
Du warst eh racht kelarger Suhn;
Du larnst alle Künste parfact,
Wenn dich mund der Racter racht zuhackt.

Barthel. Weils su iß, de luß ichs kesei,   35
Mentwagen thut Pietern immer in de Schule nei.
Katen de Wuche eh Hauß-Backen Brud,
Un wenn ha dinne sey kut thut,
Da kuchten Zeiten en Cup vull Hirsse
Un spandierten Racter Zeit eh kericht Pirsse: 40
Dafer larnt ha Pietern wichtge Darse mache,
Das is beyn Kelarten enne preißliche Sache.

Anderer Auftrit.

Puhle. Dan wack sin ich und Pieter umsist kelafen,
Weil mer ken Schul-Harrn deheme antrafen.
Es wor e Spel, es wor e Larm,   45
Es wor ene Kait, es wor e Schwarm.

Brusig. Wiech hiere, de hat Nackber Puhle sen Suhn in
de Schule keführt;
Weß ha wuhl, was naues paßirt?

Kratsch. Ha säte, es würe e Kesumme un Kebrumme,
Man konne nich vern Ractor kumme.   50

Brusig. Was is das ver enne Sache,
Die der Ractor zu Almerg muß mache?

Kratsch. Es sin silche lustge Schwencke,
Die ich nich kan kedenke.

---

31. marck, merke (verstehe). 32. kelarger, gelehriger. 34. mund,
nur (vgl. D. 123. 129). Racter, Rektor. 35. luß, lasse. kesei, sein.
36. Mentwagen, meinetwegen. 37. Katen, gebt ihm. 38. dinne sey kut,
da(r)inne sein gut. 39. kuchten Zeiten, kocht ihm bisweilen. Cup, Topf.
40. spandierten, spendiert (schenkt) dem. kericht Pirsse, Gericht Börsche
(Barsche). 43. wack, Weg. umsist kelafen, umsonst gelaufen. 44. deheme,
daheim. 45. Spel, Spiel. 46. Kait, Hast (ahd. gâhida). 47. Brusig,
Ambrostus. Wiech hiere, Wie ich höre. 50. konne, konnte. vern, vor
den. 54. kedencke, denken.

Brusig. Mey, Pieter, erzihl mers racht,   55
Du bist sist e wackrer Knacht,
Dern Kare warste zwar e Kengscher Narre,
Heuer aber haste meh als e Kesparre.

Pieter. Jch kan es zwar nich racht kefasse;
Wenn ichs soll sah spele uf der Kasse,   60
Su walt ech das Denck wuhl behale,
Es salt mehr ke Buchstabe fahle.
Se seten, se walten von Carcken spela,
Wie sie ehn gehut uf dar Schleif-Mehle;
Se walen ah kut preisse un ihra,   65
Daß ha Klück hat wulla beschire
Unsern huhen Putenthaten,
Da der Cercken-Krek kerathen.

Brusig. Nu verstieh ichs kantze Speel,
Jch wills har seh auf en Näel.   70
Mer solln ah mit lustig sey,
Uns über dar Dickturga freih.

Dritter Auftrit.

Puhle. Nu wuhl an, ihr Knachte un Mäde,
Tanzt und sprinkt mit lustger Frede,
Laß men Suhn Pieter ach heute zu Jhren   75
E friliges Hartze un Lustigket spüren.
Frissch, Spelman, un machmern Rumpuff,
Jch sprenge mit Mieken racht wedelg izt druff.

---

57 f. Dorm Jahre warst du ein kindischer Narr, heuer hast du
mehr als ein Gesparr (mehr als ein ganzes Sparrenwerk, d. h. heuer
ist es in mehr als einer Beziehung bei dir im Oberstübchen nicht
richtig). 58. kefasse, fassen. 60. sah spele, sehen spielen. Kasse, Gasse.
62. mehr, mir. 64. gehut, gehabt. Mehle, Mühle. 65. walen ah kut,
wollten auch Gott. ihra, ehren. 68. Cercken-Krek kerathen, Türkenkrieg
(wohl) gerathen. 70. seh, sagen. Näel, Nagel. 72. Dickturga, Victoria.
76. friliches, fröhliches. 77. machmern, mach mir einen. Rumpuff, der
frühere Nationaltanz der Altenburger. 78. Mieke, Mariechen. wedelg,
weiblich.

Miefe. Heute mach ich fene Butter,
All mei Vieh, das hat fchun Futter.   80
Ey, wie wird es fchiene ftieh,
Wenn ich war zu tanfe fie!

Barthel. Jhr Spelleute, fedelt mit Macht,
Jmmer, das fracht,
Zufedelt die Säten alle   85
Uns Bauern zu Kefalle!
Kriete, laß dich nich fu zarre,
Was will du dich lang fparre?
Hüppe fey wie anre Mäde,
Heut hun mer unfre Frede.   90

Kriete. An mer folls trauju nich fahle,
Jch will mich an auch ftats hale.
Saht, ich ha zwar hard Hände,
Dach de Stefeln fin felenge.

Cafpar. Jh, Spelleute, fchmert.dan frufen Fedel-Bugen, 95
Un der nach fey frifch gezuchen!
Rumppelt uf den Säten hin,
Weil ich izt racht munter bin!

Jlfe. Cafper, mei, varir mich nich,
Du fprengft mir zu wungerlich,   100
Loß mich leber ledig ftiehe,
Daß ich nich zu tanfe fiehe!

Brufig. Kratfch, wilte mit, fo fum,
Un fieh dich nich lange um!
Ja du denfft, wer ene hätte!   105
Jch nahm meine Kriete mette.
Durt ftieht ene, zerrfe furt,
Wenn fie fleich fin e bißgen murrt.

---

81. fchiene ftieh, fchön ftehen. 82. war, werden. fieh, gehn. 84. das, daß es. 85. Zufedelt, zerfidelt. 87. Kriete, Grete. zarre, zerren. 89. Hüppe, hüpfe. 91. trauju, traun ja. 92. auch ftats hale, euch ftets halten. 93. Hänge, Hände. 94. felenge, gelinde. 100. wungerlich, wunderlich. 101. leber, lieber. 106. mette, mit. 108. fin, darüber (mhd. sin, neutr. Gen. Sing. = es).

Kriete. Jch kan nich kar schien ketantze;
Du siehst wie enne Pummerantze, 110
Un bist sist ah sey behenge,
Deine Bene keschwenge.

Kratsch. Brußig, ich kumm kerannt
Un ha Orten bey der Hand.
Unser sin eh feiner Klump, 115
Unter welchen kener stump.

Orthe. Jch ha zwar enne spitzge Nase,
Dach ich bin ke albrer Haase,
Un ha saht en schienen Katz.
Kratsch, du bist und bleibst mei Schatz. 120

Mareige. Pieter, heute hastu Jhre,
Was wilstu dich lange ziere?
Laß dir mund en Durrehn keige,
Hengen nach mag ich nich schleiche!

Chorus. Nu mer fangen an zu sprengen 125
Un das Ju! Ju! Heh! zu singen.
Mer kaben unsern knadgen Harrn
Steuer, Schuß un Zinse-Karn,
Wenn mer mund noch frede hun
Un im Lande bleibe kun. 130

E N D E.

109. kar, gar (ganz). ketantze, tanzen. 111. sist ah, sonst auch.
behenge, behende. 112. keschwenge, geschwinde. 115. Unser, Genet.
Plur. in partitivem Sinne. D. 115 f. Wir sind eine hübsche Gesellschaft;
unter uns ist keiner stumpf (stupid). 118. albrer, alberner. 119. saht,
seht. 123. Durrehn, Dorreihn (Solotanz). 124. Hengen, hinten. 127. Mer
kabn, wir geben. 128. Schuß, Schoß. Zinse-Karn, Zinskorn. 129. frede,
friede.

Pierer'sche Hofbuchdruckerei.
Altenburg.